¿Estás listo para explorar un país maravilloso?

Are you ready to explore a wonderful country?

Copyright © 2023 Edna Valenzuela
Todos los derechos reservados.
Primera edición.
ISBN: 9798366085458

Los pizotes juegan en la antigua ciudad Maya. Buenos días, Yaxhá.

¡Es un hermoso día soleado! Los feligreses comienzan a llegar. Buenos días, Iglesia de San Andrés Xecul.

It's a beautiful sunny day! Parishioners begin to arrive. Good morning, San Andres Xecul Church.

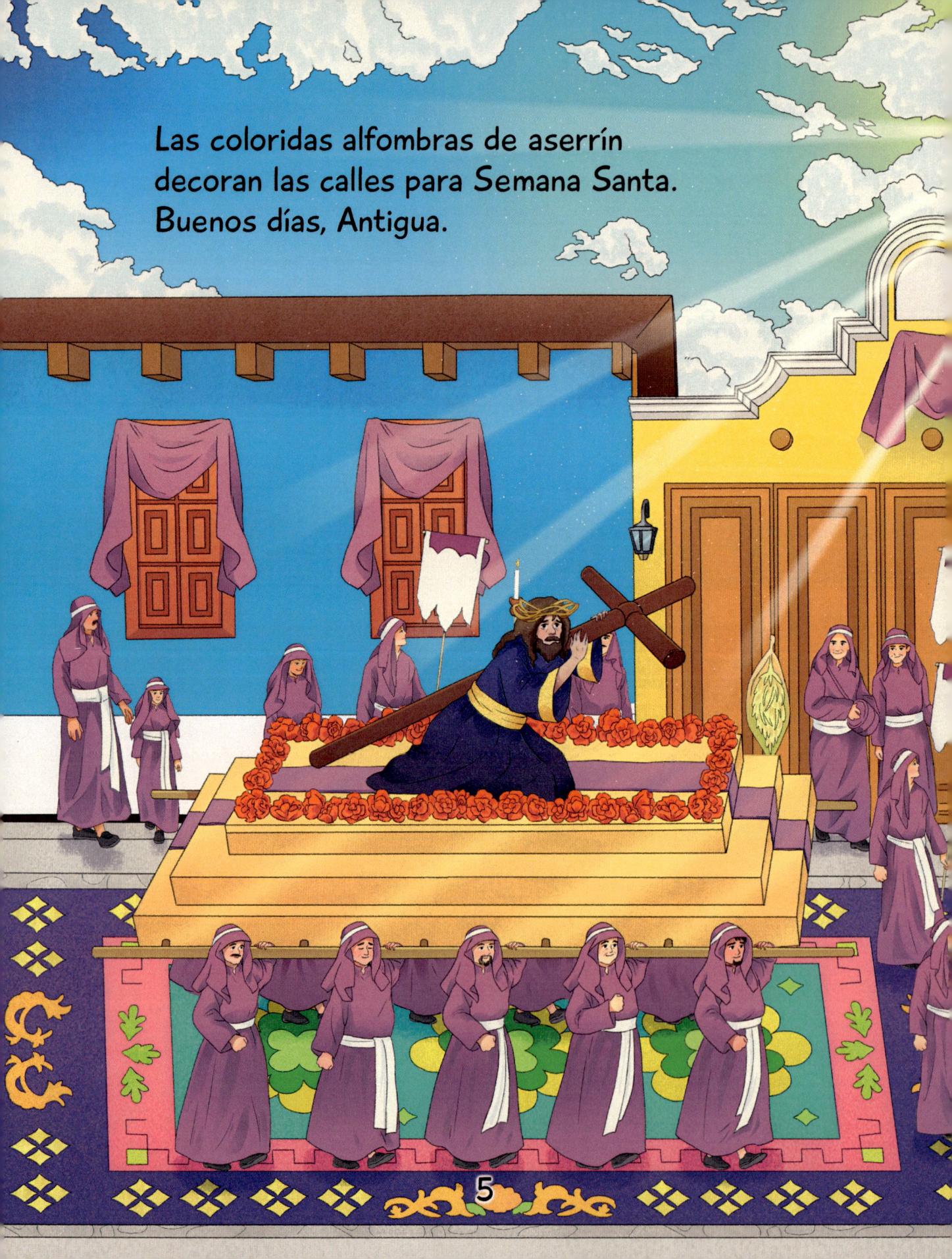
Las coloridas alfombras de aserrín decoran las calles para Semana Santa. Buenos días, Antigua.

Los depósitos de piedra caliza le dan al río un color turquesa. Buenas tardes, Semuc Champey.

Limestone deposits give the river a turquoise color.
Good afternoon, Semuc Champey.

Los fósiles de mastodonte son enormes. Buenas tardes, Museo de Paleontología y Arqueología.

Mastodon fossils are huge. Good afternoon, Museum of Paleontology and Archaeology.

People enjoy the marimba concert.
Good afternoon, Xela's Central Park.

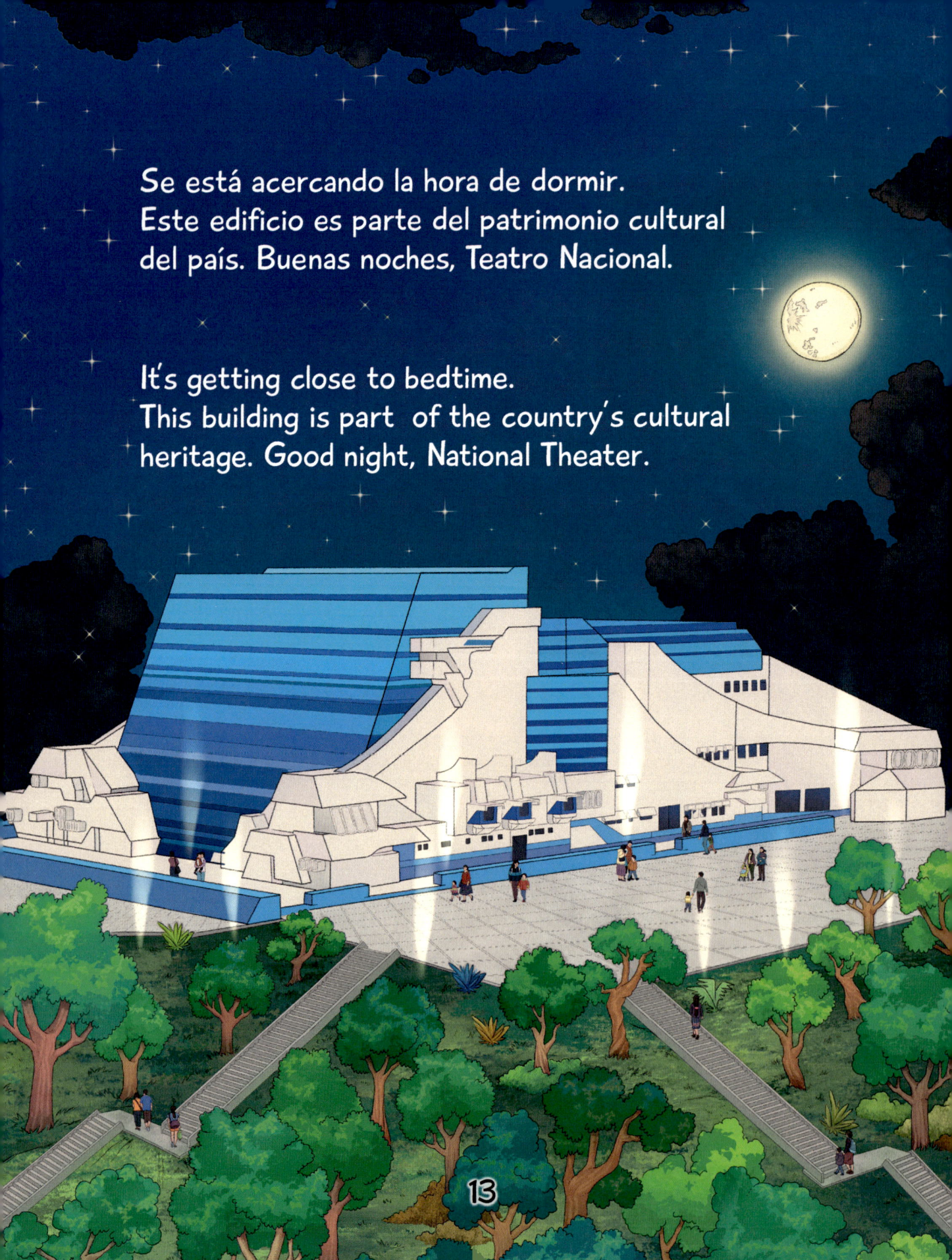

Se está acercando la hora de dormir.
Este edificio es parte del patrimonio cultural del país. Buenas noches, Teatro Nacional.

It's getting close to bedtime.
This building is part of the country's cultural heritage. Good night, National Theater.

Fue construido para combatir a los piratas. Buenas noches, Castillo de San Felipe.

It was built to fight pirates. Good night, San Felipe Castle.

ARRORRÓ MI NIÑO

Arrorró mi niño
arrorró mi sol
arrorró pedazo
de mi corazón.

Duérmete mi niño
que tengo que hacer,
lavar los pañales
y sentarme a coser.

Arrorró mi niño
arrorró mi sol
arrorró pedazo
de mi corazón.

Este niño lindo
se quiere dormir
y el pícaro sueño
no quiere venir.

Arrorró mi niño
arrorró mi sol
duérmete pedazo
de mi corazón.

HUSH-A-BYE MY CHILD

Hush-a-bye my child
hush-a-bye my sun
hush-a-bye piece
of my heart.

Go to sleep, my child
I have things to do,
wash your diapers
and sit to sew.

Hush-a-bye my child
hush-a-bye my sun
hush-a-bye piece
of my heart.

This pretty child
wants to sleep right now
and the sly sleep
doesn't want to come.

Hush-a-bye my child
hush-a-bye my sun
sleep, piece
of my heart.

Made in the USA
Coppell, TX
04 April 2024